DE L'APPLICATION

DE

L'ARTICLE 542 DU CODE DE COMMERCE

RAPPORT

PRÉSENTÉ

Par MARCELIN MESNIER

ANCIEN JUGE

AU TRIBUNAL DE COMMERCE DE LA ROCHELLE

18 Avril 1904

LA ROCHELLE

IMPRIMERIE MASSON ET Cⁱᵉ, RUE DE L'ESCALE, 23

1904

3° De l'application de l'article 542 du Code de Commerce. (Question proposée par M. DROZ, président du Tribunal de *Lons-le-Saulnier*).

L'article 542 du Code de commerce dispose que le créancier porteur d'engagements souscrits, endossés ou garantis solidairement par le failli et d'autres coobligés qui sont en faillite, participera aux distributions dans toutes les masses et y figurera pour la valeur nominale de son titre, jusqu'à parfait paiement.

Cet important avantage, qui reçoit principalement son application en cas de faillite simultanée d'un endosseur d'effets de commerce et du tiré, s'exerce au détriment de la masse de la faillite de l'endosseur coobligé qui, bien qu'ayant payé partie de la dette du débiteur principal, ne peut produire à la faillite de celui-ci pour la somme ainsi payée qu'après que leur créancier commun a été complètement désintéressé.

Sans chercher à expliquer cette mesure, dont la théorie divise les meilleurs auteurs, il y a lieu d'observer que le conflit d'intérêts occasionné par son application a donné naissance à de nombreuses difficultés, notamment lorsqu'il s'agit d'effets de commerce remis par le failli à un banquier en compte-courant ou en couverture d'une ouverture de crédit.

Le banquier tiers porteur, après avoir touché des dividendes plus ou moins considérables dans la faillite de divers tirés, produit pour le montant total des valeurs impayées dans celle de son endosseur, conformément à l'article 542.

Après certaines hésitations de la jurisprudence, la Cour de Cassation va maintenant jusqu'à décider, par un arrêt du 19 novembre 1888, que la convention d'ouverture de crédit a pour effet de fondre en une seule créance toutes celles résultant de divers endossements des effets escomptés, d'où la conséquence que le banquier n'est pas tenu de déduire de sa production le montant des effets intégralement remboursés, tant qu'il reste un seul effet impayé. Il en résulte pour les maisons de banque un avantage considérable, au détriment des autres créanciers.

En étudiant et appréciant l'état de la doctrine et de la jurisprudence sur les questions que fait naître l'application de l'article 542, il est intéressant, pour les membres des Tribunaux de commerce, de se rendre compte du jeu des diverses théories en présence, dans une matière qui est pour eux d'une fréquente application.

DE L'APPLICATION

De l'article 542 du Code de Commerce.

Messieurs,

Lorsque tous les codébiteurs , solidaires principaux ou accessoires , sont en état de faillite concomitante, que leurs patrimoines constituant le gage du créancier sont tous en liquidation , que l'on réalise leurs valeurs pour les distribuer au marc le franc entre les créanciers de chacun d'eux , comment , dans cette faillite générale, traiter celui dont le droit atteignant tous les débiteurs insolvables, est gagé sur tous les patrimoines en liquidation ?

L'article 542 du Code de commerce répond : « Le créancier porteur d'engagements souscrits , endossés ou garantis solidairement par le failli et d'autres coobligés qui sont en faillite , participera aux distributions dans toutes les masses , et y figurera pour la valeur nominale de son titre jusqu'à parfait paiement. »

C'est une des questions les plus célèbres de l'ancienne jurisprudence que celle de savoir comment on devait colloquer le créancier porteur d'engagements solidaires.

Trois systèmes ont été successivement soutenus.

Le premier système décidait que le créancier avait le droit de choisir la faillite de l'un des codébiteurs solidaires dans laquelle il voulait figurer , mais une fois son option faite , il n'avait plus le droit de se présenter à la masse des autres codébiteurs.

C'était le système de Savary.

Le second système suivi par Pothier et par d'autres auteurs estimables , donnait au créancier , porteurs d'engagements solidaires , le droit de se présenter successivement à toutes les masses, mais sauf déduction de ce qu'il avait reçu dans celles ou il avait déjà figuré,

La jurisprudence n'a suivi ni l'un ni l'autre de ces systèmes.

Le Code de Commerce de 1807 adopta par son article 354, celui d'après lequel le créancier est autorisé à participer aux distributions dans toutes les faillites jusqu'à parfait et entier paiement.

La loi de 1838 (Art. 542 du Code de Com.) consacra de nouveau ce système et pour faire disparaître toute équivoque on ajouta que le créancier aurait le droit de se présenter à toutes les distributions pour *la valeur nominale de son titre*, c'est-à-dire pour la totalité de sa créance.

Cherchons d'abord à expliquer cet article 542. Avec Demolombe , nous dirons qu'il découle à la fois de *la solidarité* et du *droit au dividende*.

Nous savons que l'article 140 du Code de Commerce dispose que : « Tous ceux qui ont signé, accepté ou endossé une lettre de change sont tenus à la garantie solidaire envers le porteur » ; c'est-à-dire qu'ils sont individuellement responsables de l'intégralité de la dette envers le porteur en cas de non paiement à l'échéance , et que collectivement, ils ne doivent être considérés , comme formant par leur réunion , qu'un débiteur unique.

La solidarité a donc pour but de garantir au créancier le recouvrement intégral de sa créance soit contre un seul des codébiteurs, soit contre plusieurs, soit contre tous les débiteurs ensemble.

En matière commerciale l'obligation solidaire de plusieurs débiteurs, assure donc au créancier le paiement intégral de la dette ; or, si les divers coobligés solidaires viennent à être déclarés simultanément en état de faillite, le seul système qui permettra au créancier de pouvoir espérer le paiement intégral de la dette, consiste à le faire figurer dans chaque faillite pour la valeur nominale de sa créance. En effet, si ce créancier admis dans la première faillite, ou il ne peut espérer être payé que par contribution, n'était admis dans la seconde que pour un capital diminué de ce qu'il a reçu, ou de ce qu'il peut espérer de la première, il ne serait colloqué dans cette seconde faillite, qu'en proportion de ce reste, s'il en était de même pour la faillite du troisième et du quatrième codébiteur, la conséquence nécessaire serait que jamais il ne parviendrait à obtenir un paiement intégral, ce qui le priverait des garanties qui devait lui donner la solidarité.

Cette explication à sa valeur, mais celle que Demolombe donne de l'art. 542 C. Com., basée à la fois sur la solidarité et sur le droit au dividende, nous paraît bien plus scientifique et décisive.

Il est un principe indiscutable, que l'on ne peut poursuivre des débiteurs solidaires que pour ce qu'ils vous doivent, c'est à dire que si l'un d'eux a donné un acompte, ils ne sont tous responsables que du solde; cependant la faillite simultanée des débiteurs solidaires engendre une situation particulière.

En effet, plusieurs débiteurs solidaires sont déclarés en faillite simultanément, le créancier, comme conséquence de la solidarité a le droit incontestable et incontesté de se présenter simultanément dans chaque faillite, parce que dès l'instant ou la faillite a été déclarée, le créancier acquiert le droit au dividende et cela dans chaque faillite et comme ce droit au dividende n'est pas un paiement, la créance subsiste dans son intégralité contre chaque faillite, et aucun événement postérieur à la faillite ne saurait la modifier rétroactivement.

Si le créancier a droit au dividende de l'un, il l'a également au dividende de l'autre, c'est-à-dire qu'il a le même droit dans chaque faillite, donc il a le droit de se présenter dans chaque faillite pour la valeur nominale de son titre.

Ayant droit à chaque dividende, dans chaque faillite dont les liquidations se poursuivent simultanément, il est devenu impossible de déduire les acomptes reçus de l'une d'elle, parce qu'au moment ou chacune paie son dividende, la créance existe toujours dans son intégralité.

La règle est donc en matière de faillite que les droits de tous et de chacun sont désormais invariablement fixés, d'après le statu quo, au moment où la faillite a été déclarée, afin précisément que pendant les délais inséparables des formalités à remplir, les uns ne puissent pas être favorisés aux dépens des autres, par le hasard, par la partialité et par la fraude.

Cela est si vrai, en ce qui concerne particulièrement l'application de l'art. 542 du C. Com. , que la cour de Rouen a décidé avec raison que le créancier qui, depuis la faillite de deux de ses codébiteurs solidaires, a reçu un acompte de son troisième codébiteur resté insolvable, n'en a pas moins toujours le droit de se présenter aux deux faillites pour la valeur totale de son titre (27 avril 1861).

Ajoutons enfin que si le créancier doit d'autant plus, en effet, conserver son droit intégral dans toutes les faillites qui se trouvent simultanément ouvertes, que celle qui a été ouverte la dernière pourrait être liquidée la première et que l'on ne voit pas comment cette faillite ouverte la dernière, quoique simultanément, pourrait priver le créancier du droit qui lui était acquis dans celle qui a été ouverte la première.

Dans l'ancien droit, une des raisons qui n'avait pas fait adopté notre système actuel, c'était la crainte que le créancier reçut en dividendes une somme supérieure à sa créance. Le législateur nouveau a écarté cet inconvénient, il a, en effet, prescrit d'inscrire sur chaque titre la somme pour laquelle le créancier sera admis au passif de la faillite, (art. 497 C. Com.), ensuite de ne faire aucun paiement sans exiger la représentation du titre, et sans en inscrire le montant sur le même titre, (art. 569 C. com.), de sorte que les syndics peuvent de suite facilement reconnaître si les dividendes déjà reçus par les créanciers atteignent ou non la valeur nominale du titre.

Telle est l'explication scientifique que Demolombe fournit de la disposition de l'art. 542 C. com., elle nous paraît indiscutable.

Une conséquence de cette explication est que l'art. 542 du C. Com. est inapplicable au cas ou les faillites des codébiteurs solidaires n'ont été déclarées que successivement, c'est-à-dire ou les unes n'ont été déclarées qu'après que les autres ont été liquidées.

En effet, l'art. 544 du C. com. décide que : « Si le créancier, porteur d'engagements solidaires entre le failli et d'autres coobligés a reçu avant la faillite un acompte sur sa créance, il ne sera compris dans la masse, que sous la déduction de cet acompte et conservera pour ce qui lui restera dû ses droits contre le coobligé ou la caution. Le coobligé ou la caution qui aura fait le paiement intégral, sera compris dans la même masse pour tout ce qu'il aura payé à la décharge du faili. »

Quelques auteurs ont discuté cet article, comme contraire aux garanties que donne la solidarité. Mais il faut remarquer qu'il n'est qu'une conséquence de l'art 542 du C. com., qui n'est applicable qu'en cas de faillite simultanée.

Il n'est pas non plus indispensable, d'ailleurs que pour que l'article 542 C. com., doive recevoir son application, que tous les codébiteurs solidaires soient en faillite.

En effet, la Cour de cassation (24 juin 1851) a décidé que ni le texte ni l'esprit de l'article 542 C. com. n'exigent pour l'application de sa disposition que les coobliges solidaires soient tous sans exception en état de faillite.

Il reste un dernier point à examiner, savoir, si la disposition de l'article 542 du code de commerce est applicable en matière civile c'est-à-dire lorsque les codébiteurs solidaires se trouvent simultanément en déconfiture.

En droit civil, la garantie d'un créancier vis-à-vis des codébiteurs solidaires devenus simultanément insolvables, ne s'exerce pas de la même manière qu'en droit commercial.

Cependant Tarrible, au corps législatif, parlant de l'ancien article 354 aujourd'hui 542, disait que toutes ses dispositions puisées dans les principes élémentaires et immuables du droit civil, s'appliquent à toutes les matières et à tous les cas, et Larombière lui-même estimait qu'ainsi que nous l'avons démontré tout à l'heure pour la faillite, le créancier de droit commun devait participer dans chaque distribution pour la valeur nominale de son titre pour n'être pas privé des garanties de la solidarité.

Mais Demolombe estime que les dispositions de l'art. 542 C. Com. sont inapplicables en matière civile, parce que le Code civil est le droit commun et le Code commercial le droit exceptionnel appliqué seulement en matière commerciale.

Si donc on peut appliquer les dispositions du Code civil en matière commerciale, il est impossible de transporter réciproquement les dispositions du Code de commerce en matière civile.

Juridiquement le motif qui sert de base au système consacré par l'article 542 du Code de Com. doit en restreindre l'application aux faillites. En effet, à l'instant où chacune des faillites est déclarée, le créancier acquiert le droit à la somme que chaque faillite pourra payer la liquidation terminée, c'est-à-dire que dès ce moment les droits de chacun sont irrévocablement fixés.

Or le Code civil n'a édicté aucune organisation semblable pour la déconfiture, qui n'est purement et simplement que l'insolvabilité, situation librement acceptée, donc le créancier qui a reçu la moitié de sa créance de l'un des codébiteurs solidaires, ne saurait ensuite demander le paiement du total à l'autre en matière civile.

Les dispositions de l'art. 542 du Code de Commerce étant ainsi établies sur des bases solides et bien précises, nous pourrons plus facilement en comprendre les applications dans les différentes espèces qui nous intéressent actuellement.

Il nous paraît intéressant de ne pas laisser passer sans l'examiner le premier cas indiqué, la faillite simultanée de l'endosseur d'un effet de commerce et du tiré.

Conformément aux dispositions de l'article 542 C. Com., le porteur se présentera pour la valeur nominale de son titre dans chaque faillite et recevra de chacune son dividende. Que l'addition de ces deux dividendes atteigne ou non le montant intégral de la lettre de change, la faillite de l'endosseur coobligé ne pourra jamais, même si le créancier est intégralement payé, contrairement à ce que dit M. le Président de Lons-le-Saulnier, produire à la faillite du tiré parce que d'après l'article 543 du code de commerce, corollaire de l'article 542, aucun recours pour raison de dividende payé, n'est ouvert aux faillites des coobligés les unes contre les autres, si ce n'est lorsque la réunion des dividendes que donneraient ces faillites excéderait le montant total de la créance, en principal et accessoires, auquel cas cet excédent serait dévolu suivant l'ordre des engagements à ceux des coobligés qui auraient les autres pour garants.

Cet article 543 C. Com. se conçoit aisément parce que si l'endosseur coobligé pouvait produire à la faillite du tiré lorsque le créancier est intégralement payé, le créancier et l'endosseur auraient produit deux fois à la faillite du tiré pour la même créance, ce qui est inadmissible.

Donc l'endosseur coobligé ne produira pas à la faillite du tiré, lorsque le créancier sera désintéressé, mais l'excédent de dividende que ce dernier aurait reçu serait restitué simplement à la faillite de l'endosseur.

Donc l'application de l'art. 542 C. Com. ne s'exerce nullement dans cette espèce au détriment de la masse de l'endosseur, comme le dit M. le Président de Lons-le-Saulnier, et de plus nous ne croyons pas que si quelques auteurs ont expliqué diversement la théorie de l'art. 542 du Code de Commerce, son application puisse être controversée en l'espèce.

Il existe une autre espèce qui a soulevé bien des controverses et occasionné bien des hésitations à la jurisprudence, c'est la faillite simultanée de débiteurs coobligés d'effets de commerce remis à un banquier en compte courant ou en couverture d'une ouverture de crédit.

L'espèce est fort délicate et pour bien la comprendre et lui donner une application exacte il est indispensable que nous abordions l'étude juridique du compte courant.

Le compte courant est un contrat synallagmatique, d'après lequel l'un des contractants remet à l'autre ou reçoit de lui de l'argent ou des valeurs non spécialement affectées à un emploi déterminé, mais en toute propriété, à la seule charge par celui qui reçoit d'en créditer le remettant sauf règlement par compensation a due concurrence des remises respectives sur la masse entière du débit et du crédit.

Le compte courant étant un contrat, les parties contractantes doivent toujours posséder la capacité la plus étendue pour contracter.

Or, si l'une des parties vient à décéder ou à être mise en état de faillite, celle-ci ne peut plus donner un consentement valable aux actes du compte courant, aussi la Cour de Cassation a-t-elle fait une application importante de cette règle en décidant que la faillite ou le décès arrête le compte courant.

(Cass. 20 Juillet 1846. — Cass. 8 Mars 1897).

Lorsque le banquier reçoit des valeurs du remettant, il les porte au crédit du compte de ce dernier, le jour même da sa remise, bien que l'échéance soit postérieure, aussi dit-on qu'en matière de compte courant le crédit correspondant à une remise d'effets de commerce n'est-il donné que *sauf encaissement*.

Cette réserve, lorsqu'elle n'est pas stipulée, a donnée lieu à bien des interprétations, cinq systèmes ont successivement prévalus, mais aujourd'hui la doctrine et la jurisprudence admettent d'une façon constante, que la clause *sauf encaissement* est simplement une condition résolutoire tacite, sous-entendue dans le contrat en vertu des usages du commerce, résultant de l'intention présumée des parties. Celles-ci, en effet, au moment de la remise des valeurs, peuvent croire qu'elles sont bonnes et seront régulièrement payées à l'échéance. L'opération a donc lieu, les valeurs deviennent la propriété du récepteur, par voie d'endossement, cependant il ne peut à raison de son caractère aléatoire l'accepter sans une tacite réserve. Or, si le paiement du titre n'est pas effectué à son échéance, ce titre doit disparaître du compte et puisque le compte en avait été crédité, il doit en être débité.

Donc la clause *sauf encaissement* doit toujours être considérée comme sous-entendue.

Il ne peut plus y avoir une seule hésitation à cet égard, c'est la jurisprudence constante de nombreux tribunaux de commerce, de Cours d'appel et de la Cour de Cassation elle-même. (Cass., 18 novembre 1888.)

La Cour de Cassation (5 février 1861), a également admise que la clause *sauf encaissement*, sous-entendue dans la négociation, n'existe que dans l'intérêt de celui qui reçoit les effets et que cette clause ne pouvant être une condition suspensive mais une condition résolutoire, n'empêche pas le porteur, en vertu de l'endossement régulier, d'en rester propriétaire après le non paiement à l'échéance.

La Cour de Cassation (10 juin 1865 — 8 décembre 1875) a également jugé que les créances entrées dans le compte courant perdent leur individualité pour former un ensemble d'articles de crédit et de débit dont la comparaison permettra lors de la clôture du compte de ne faire ressortir qu'un solde à la charge de l'un des contractants. Ce solde exigible est une véritable dette ; jusqu'à ce qu'il soit fixé, il n'y a que des articles de crédit et de débit formant un tout compact.

On exprime ces effets du compte courant, en disant qu'il y a *confusion*, ou que le compte courant est *indivisible*.

Pour arrêter un compte courant il faut établir la compensation entre les remises des deux parties, de telle sorte que la balance se traduise par un solde novant les divers éléments du compte en un titre de créance unique.

Etant exactement fixé sur la théorie juridique du compte courant, examinons maintenant le cas de la faillite simultanée de débiteurs cooligés, tireurs, endosseurs ou accepteurs d'effets de commerce remis en compte courant ou en couverture d'une ouverture de crédit. Si l'un des contractants, le remettant est déclaré en état de faillite simultanément avec divers tirés des effets qui composent le compte courant, la faillite arrête tout d'abord les opérations du compte courant.

Pour arrêter ce compte courant, le banquier devra faire ressortir le solde de ce compte au jour déclaratif de la faillite et, par application de l'article 542 du code de commerce, il pourra produire à chaque faillite des cooligés pour la valeur nominale de son titre, c'est à dire dans celle du remettant pour le solde de son compte arrêté au jour de la faillite, et dans celle des divers tirés également en faillite pour le montant intégral de chaque lettre de change, puisqu'en cas de non paiement à l'échéance le porteur demeure propriétaire de ces impayés à cause de l'endossement, ces effets constituant sa garantie.

Puis il recevra les dividendes de chaque faillite jusqu'à concurrence du solde de son compte courant.

Cela se conçoit aisément, car nous ne faisons qu'appliquer les règles juridiques du compte courant aux dispositions de l'article 542 du C. Com.

C'est du reste ce qu'a décidé la Cour de Cassation dans son arrêt du 19 Novembre 1888 dont voici le sommaire :

« En matière de compte courant, à défaut de stipulation expresse, il est de règle que la clause *sauf encaissement* est sous entendue. En conséquence les effets de commerce, dont la propriété a été transmise par endossement au récepteur, ne sont néanmoins inscrits à son crédit que conditionnellement, et la valeur doit être contrepassée à son débit, s'ils ne sont pas encaissés à échéance.

» Mais cette clause ne fait pas obstacle à ce que, advenant la faillite du remettant, les effets ne restent la propriété du récepteur, qui conserve tous les droits du porteur contre les signataires des effets coobligés du failli.

» Par suite le récepteur peut produire à la faillite du remettant pour le montant du solde de son compte courant, arrêté au jour de la faillite après avoir contrepassé du crédit au débit du failli les effets non payés.

» Il n'est tenu d'imputer sur les chiffres de sa production le montant des effets qu'il a pu encaisser depuis la faillite, et il ne peut venir à compte avec le syndic de la faillite du remettant que dans le cas où les sommes qu'il aurait encaissées des obligés du failli, seraient supérieures au montant de sa créance en principal et accessoires. »

Mais pour bien comprendre la question, il est nécessaire de rechercher quelle est l'espèce de cet arrêt. Il s'agissait en effet d'effets négociés en compte courant, échus et impayés avant la faillite du remettant, et qui ont été payés soit intégralement soit par dividendes après la faillite. Le compte en avait donc été débité à l'échéance avant la faillite, mais ils étaient restés la propriété de l'endosseur qui, produisant à cette faillite pour l'intégralité du solde arrêté au jour de la faillite, n'était pas tenu de restituer à la faillite le montant intégral ou le dividende des effets à lui payés depuis la faillite en raison de la propriété de l'effet et de l'indivisibilité du solde, ne pouvant plus faire rentrer dans le compte un élément qui en était sorti.

Toutefois si, par l'addition des dividendes et des encaissements reçus après la faillite, le créancier reçoit une somme supérieure à sa créance, il doit venir en compte avec le syndic du remettant.

Donc pas de difficulté en l'espèce, et s'il en résulte un avantage pour le banquier ce n'est que la conséquence juridique de l'application de l'article 542 du C. com. et des règles du compte courant.

Mais nous devons ajouter que M. le Président de Lons-le-Saulnier pose mal la question et fait dire à la Cour de Cassation ce qu'elle n'a jamais dit, lorsqu'il expose que « la convention d'ouverture de crédit a pour effet de fondre en une seule créance toutes celles résultant de divers endossements des effets escomptés, *d'où la conséquence que le banquier n'est pas tenu de déduire de sa production le montant des effets intégralement remboursés, tant qu'il reste un seul effet impayé.* »

Mais il faut dire avec la Cour de Cassation que le banquier n'est pas tenu de déduire de sa production le montant des effets qu'il a pu encaisser depuis la faillite , et ne peut venir en compte avec le syndic du remettant que dans le cas ou les sommes qu'il aurait encaissées des coobligés du failli seraient supérieures au montant de sa créance en principal et accessoires.

Mais la question qui divise encore actuellement la jurisprudence est la suivante :

Lorsque la faillite du remettant survient , le banquier est encore porteur d'effets non échus.

Nous savons que la faillite arrête le compte courant. La Cour de Cassation (8 mars 1897) a admis que la faillite du bénéficiaire du compte courant, entraîne la clôture de ce compte qui doit être liquidé à la date du jugement déclaratif de la faillite.

C'est ici qu'a surgi une difficulté provenant de l'application de la clôture du compte courant ; difficulté qu'ont peut-être pu engendrer les termes de l'arrêt de la Cour de Cassation du 8 novembre 1888, qu'on a mal interprétés.

Il y a, en effet , controverse pour savoir , si la faillite advenant, le compte se clôturant, tous les effets non échus qui ne sont au crédit du compte que conditionnellement, c'est-à-dire subordonnés à la condition du *sauf encaissement*, doivent être contrepassés au débit du compte au jour de la faillite, par suite de la clôture de ce compte, ou si simplement les opérations du compte courant s'arrêtant au jour de la faillité, les effets non échus , inscrits au crédit du compte y sont maintenus et ne sont contrepassés au débit qu'à leur échéance en cas de non paiement , puis alors , lorsque tous les effets sont échus, le compte est définitivement arrêté.

La jurisprudence est divisée sur cette question , cependant la plupart des tribunaux , Cour d'appel et la Cour de Cassation (10 août 1852), estiment que la contrepassation des effets non échus au jour de la faillite ne doit se faire qu'à l'échéance en cas de non paiement, parce que, bien que la faillite arrête le compte courant , elle ne rend pas définitifs les articles du crédit et du débit résultant des remises que se sont faites les contractants et qui restent toujours subordonnées à la condition résolutoire exprimée ou sous-entendue du *sauf encaissement*, et qu'à l'échéance seule, le compte pourra être débité des impayés, qu'au surplus le principe de l'indivisibilité du compte courant ne peut être atteint par cette contrepassation postérieure à la clôture du compte parce que telle était bien l'intention des parties contractantes antérieurement à la faillite et que de plus elle ne fait rentrer aucun élément nouveau dans le compte courant. Ces effets, non échus au jour de la faillite, font comme les autres partie intégrante du compte et représentent un des éléments dont la valeur ne peut être qu'ultérieurement fixée.

Par contre la Cour de Paris (14 mai 1901) a admis l'autre système. Elle estime que les valeurs portées au crédit du compte, sous la condition d'encaissement, ne forment un élément réel de l'avoir du remettant que du jour ou elles sont encaissées ; que ne figurant jusqu'à la faillite que provisoirement dans le compte, toutes les valeurs échues et non échues doivent comme conséquence de la clôture du compte, sortir de ce compte à ce moment et être contrepassées du crédit au débit.

Que cette règle est d'application certaine quand elles sont impayées à l'échéance ; que dans les deux cas, elles n'ont pas été encaissées et que c'est l'encaissement qui libère le remettant, que jusque là le récepteur n'est pas payé de ses avances dont il demeure donc incontestablement créancier.

Ce raisonnement serait irréprochable ; mais le point de départ est inexact.

En effet, dès sa remise, l'effet figure au compte d'une manière effective et il n'en pourra disparaître qu'à la condition du non paiement à l'échéance. Il est admis ainsi que nous l'avons vu plus haut que la condition *sauf encaissement* est une condition *résolutoire* et dire que tant que l'encaissement de l'effet n'a pas eu lieu il ne figure au compte que *provisoirement* est une condition *suspensive*.

Ce second système étant contraire aux règles du compte courant doit donc être rejeté, et nous estimons que la jurisprudence doit appliquer le premier, c'est à dire qu'en matière de compte courant les effets non échus au jour de la faillite ne peuvent être portés au débit du compte qu'en cas de non paiement à leur échéance.

La solution est la même lorsque les effets, remis en compte courant, sont garantis par une ouverture de crédit c'est à dire une hypothèque ; l'hypothèque n'ayant pas d'autre effet que de garantir la créance sans violer les règles du compte courant.

Il existe une autre espèce, également controversée, qu'il est intéressant d'examiner.

L'article 542 C. com., est-il applicable à la déconfiture en matière de compte courant ?

La Cour de Dijon (28 Juillet 1897) estime que la clôture du compte courant n'a pour résultat en déterminant la composition de l'actif et du passif que d'arrêter la situation respective des parties, mais ne crée pas un privilège pour le paiement du solde.

Sous cette seule exception consacrée par la jurisprudence, qu'il porte intérêt de plein droit, ce solde constitue une créance ordinaire soumise à toutes les règles du droit civil.

Il s'ensuit que le paiement d'une partie de ce solde par un ou plusieurs engagés solidaires libère les autres vis à vis du créancier. (C. Civil, art. 1200).

Si le débiteur n'est pas en faillite, le créancier ne saurait se prévaloir de l'article 542 du Code de Commerce, article qui est une exception au droit commun, et ne peut recevoir son application en matière civile ni être étendu à la déconfiture d'un commerçant, du moment ou il n'est pas déclaré en état de faillite.

La Cour de Cassation (19 Mars 1900) décide que les articles 542 et 544 du Code de Commerce ne disposent que pour les cas de faillite et ne peuvent être appliqués à la liquidation amiable sans violer ces articles, même s'il s'agit d'un compte courant.

Les auteurs Lyon-Coen et Renault estiment également que les articles 542 et 544 C. Com. sont inapplicables à la déconfiture. Nous savons déjà que Demolombe est du même avis.

Par contre la Cour de Paris (14 Mai 1901) estime que l'article 542 C. Com. est applicable à la liquidation amiable en matière de compte courant.

Elle admet que le compte courant pouvant s'arrêter par l'accord des parties, ainsi que pour la faillite, le banquier peut produire à la liquidation amiable pour le solde de son compte courant arrêté au jour de la mise en liquidation amiable, sous déduction des acomptes qu'il pourra recevoir après la liquidation amiable et ce jusqu'à concurrence du solde du compte courant.

Elle admet donc que la clôture conventionnelle du compte courant coïncide avec la liquidation amiable, mais il est cependant impossible de fixer une date précise à cette liquidation qui a pu précéder ou suivre celle de la clôture conventionnelle du compte.

Nous savons aussi que la faillite fixe juridiquement, par la date à laquelle elle est prononcée, les droits des créanciers qui ne peuvent plus prétendre qu'à un dividende, tandis que la liquidation amiable n'est qu'un mode de paiement de droit commun, et que dans le droit commun un paiement partiel éteint la dette pour partie et enlève au créancier tout droit au paiement intégral.

Pour ces raisons cette manière de voir doit donc être rejetée, et nous concluerons avec la Cour de Cassation que l'article 542 du Code de Commerce est inapplicable à la déconfiture même en matière de compte courant.

L'application de l'article 542 C. Com. et des règles du compte courant a fait soulever plusieurs objections lorsqu'un des effets remis en compte courant porte un aval.

Le remettant et le tiré étant en faillite concomitante, l'effet n'est pas payé à son échéance par le tiré. Le banquier devra alors s'adresser à l'avaliseur, et si ce dernier rembourse à l'échéance à la décharge des faillis, le banquier, sans débiter le compte du remettant, remettra à l'avaliseur son titre avec lequel il pourra produire aux faillites des coobligés.

Mais si l'avaliseur ne remplit pas ses engagements à l'échéance, ne rembourse pas le banquier, celui-ci pour ne pas perdre son recours contre les faillites des coobligés, doit débiter le compte courant de cet impayé, qui se trouve dès lors compris dans le solde du compte pour lequel il produira à la faillite du remettant, et si postérieurement à cette contre-passation l'avaliseur, toujours responsable de ce qu'il a garanti, vient à désintéresser le banquier, à la décharge du failli, cet avaliseur ne pourra plus évidemment produire pour ce qu'il aura payé, puisque le banquier a déjà compris cet effet dans son solde et dans sa production, solde et production qui ne peuvent plus être modifiés.

Mais il faut remarquer que si l'application de l'article 542 C. com., et des règles du compte courant ont des conséquences si rigoureuses pour l'avaliseur, il n'a qu'à s'en prendre à lui-même, parce que s'il avait rempli ses engagements, s'il avait payé à l'échéance l'effet qu'il avait garanti, il en devenait le propriétaire et pouvait exercer son recours contre les faillis.

On a également objecté que l'avaliseur d'un effet remis en compte courant et impayé à son échéance, s'était vu après la faillite simultanée du remettant et du tiré être rendu responsable par le banquier de l'intégralité du solde du compte courant, solde supérieur au montant de l'effet avalisé.

A notre avis ce n'est qu'une prétention mal fondée de la part du banquier.

En effet le contrat qui régit le compte courant n'a eu lieu

qu'entre le remettant et le banquier, si un tiers a avalisé un effet du compte courant, il n'a entendu que cautionner l'effet et non le compte courant tout entier et cela sans violer les règles du compte courant.

D'autre part, cet effet peut par suite de son non paiement à l'échéance, ne plus faire qu'un bloc indivisible dans le solde, cette indivisibilité n'est opposable qu'aux deux contractants et la situation de l'avaliseur vis à vis du banquier est la même que celle du souscripteur, c'est à dire que l'un et l'autre ne doivent que ce qu'ils ont signé et cela sans violation des règles du compte courant.

Du reste la Cour de Cassation (19 Mars 1900), dans un motif de cet arrêt, estime que sans violer les règles du compte courant celui qui avalisant un billet remis par un tiers en compte courant n'a entendu garantir que ce billet, n'a pas cautionné le compte courant tout entier.

Par cet exposé complet nous croyons avoir étudié et apprécié l'état de la doctrine et de la jurisprudence sur les questions si délicates que peut faire naître l'application de l'article 542 du Code de Commerce et nous espérons avoir été suffisamment clair et précis pour permettre aux membres des Tribunaux de Commerce de se rendre compte des diverses théories qui ont pu être émises, et leur en faciliter l'application dans une matière ou ils sont si souvent appelés à se prononcer, c'est à dire la faillite.

Imp. Masson et Cie. — La Rochelle.